꽃무릇 진 자리

이 도서의 국립중앙도서관 출판시도서목록(CIP)은 e-CIP 홈페이지
(http://www.nl.go.kr/cip.php)에서 이용하실 수 있습니다.
(CIP 제어번호 : CIP2014017397)

꽃무릇 진 자리

2014년 6월 9일 초판 1쇄 인쇄
2014년 6월 13일 초판 1쇄 발행

지은이 | 김희저
펴낸이 | 孫貞順
펴낸곳 | 도서출판 작가
서울 서대문구 북아현3동 1-1278 (우120-866)
전화 | 365-8111~2 팩스 | 365-8110
이메일 | morebook@morebook.co.kr
홈페이지 | www.morebook.co.kr
등록번호 | 제13-630호(2000. 2. 9.)

책임편집 | 이승철

디자인 | 오경은
영업 | 손원대
관리 | 이용승

ISBN 978-89-94815-46-6 03810

* 잘못된 책은 구입하신 서점에서 바꾸어 드립니다.
* 지은이와 협의하에 인지를 붙이지 않습니다.

값 12,000원

꽃무릇 진 자리

김희저 시집

작가

산골에 들어와 산 지 이십 년이 넘었다.

마당에 꽃과 나무를 심고 개와 고양이와 닭을 기르고 텃밭에 채소를 가꿨다. 점점 동물과 식물과 곤충의 삶이 눈에 보였다. 눈여겨볼수록 사람세상보다 더욱 진실한 원형질이라는 생각이 들었다. 자연의 세계에는 거짓이나 협잡이 없다.

철따라 피는 꽃들은 원칙을 지킨다. 텃밭에 가꾸는 채소들은 제 모양 제 색깔대로 자란다.

동물들은 제가 낼 수 있는 소리를 낸다.

눈에 보이지 않는 것들도 마찬가지다. 계절의 변화와 비와 바람과 눈 내리고 햇볕 쏟아지는 것도 다 질서가 있고 원칙이 있다는 생각이 들었다.

그것들을 지켜보는 동안 외롭지 않았다.

텃밭에 이어진 동산에 찾아드는 철새와 텃새들이 노래 부르면 친구처럼 반갑다. 나무나 풀이나 곤충들도 각양각색 이야기를 펼친다. 점점 그런 것에 애정을 쏟으면서 사진을 찍게 되었다. 자연이 들려주는 이야기를 적었다. 자연을 담은 화면에 시를 붙이게 된 것이다. 그런 일이 참 즐거웠다.

햇살 밝은 마당에 서면 많은 소리가 들린다. 많은 모습이 보인다.

앞으로도 자연의 모습들을 지켜보며 또 다른 문명을 누릴 것이다.

차례

꽃무릇 진 자리

숨결

창 너머 해가 뜬다 그 햇살 잊고 살았다
동산에 달이 뜬다 그 달빛 잊고 살았다
잠 잘 때나 숨 쉴 때나 그 빛으로 살았다

동백

저 잡것 좀 보아
그 새 연지 바르고

무지기 바람으로
는실난실 다가오네

흐벅진 웃음 날리며
허리담쏙 안기네

매화

심연까지 웃어라
그래야 꽃이다

골수까지 울어라
그래야 꽃이다

눈비음으로는 말고
제출물로 춤춰라

보춘화

올해도 오셨군요
소복치마 설운 자락
귀끔스런 살풀이나
설설이 다부니고
영춘곡 자진모리로
일편단심 바치오리

관동화

세월은 중도가 없다
불꽃 튀는 얼음송곳
가시 돋친 눈꽃송이
갈마드는 살바람

산 것은 다 소란하다
겨울 가면 봄이다.

풍경소리

처마 끝에 손 모인다

길 잃은 솔개구름
죽고 싶은 빗방울
병들고 늙은 바람

울고 싶은 것들 모여
풍경소리로 운다

이팝나무

실국수 무덕무덕
길 따라 진설하고

배고파 죽은 무덤
발맘발맘 따라 간다

어머니 가신 길 따라
학발 늘인 가르마

새봄

— 조운 풍

마디마디 서린 청운
몇 겁이나 회생해야

금잔옥대 화중신선
웅혼한 꽃이 되나

영춘화 화신 북새통
온새미로 꽃 피나

갈대

수천 마리 메추라기
바람소리로 운다

덩덕새 부푼 깃털
날지 못한다

늪속에 붙잡힌 어미
오진 눈물 긷는다

숫눈

간밤에 풍경 울더니
하늘이 바다 되었다

미영꽃 무덕지더니
천지가 숫길이다

전봇대 돛대가 되어
하늘바다 떠간다

차들목

어서 오십시오
통행권을 뽑아 가십시오

몇 번째 사랑일까
그 여자
또 손 내민다

한 차례 악수만으로
무한궤도 열리나

수세미외

저홀로 쓸쓸한 날
매지구름 닦아볼까

잠포록한 하늘창에
비눗방울 걸어 볼까

말갛게 설거지하고
칠보단장 해 볼까

자귀나무 꽃

향기롭다고 가녀리다고
다 순한 것은 아니다

날캄한 강쇠 달면
외통수 지독하다

선택하지 않은 삶도
일상이 될 수 있다

쑥갓

잎파랑치 우자일득
나도 꽃 필 줄 안다

신산고초 구기칠정
애면글면 끌어모아

노랗게 눈 부릅떴다
욱욱황광 분노다!

영생이

풀 같지도 않은 것이
꽃 같지도 않은 것이

끝끝내 놓지 않는
집념 때문일 것이다

밟아도 고개 쳐들고
짓이겨도 환하다

꽃무릇 진 자리

가는 님 밑자리가
그리 질길 수 있나

오롯이 눈 감은 길
이리 풍성할 수 있나

상사몽 불끈 일어서
저리 푸를 수 있나

프록스

정하고 순한것들
자깔자깔 웃는 소리

낯선 세상일수록
모여 앉아야 한다

작아도 큰 것들 모여
오순도순 정겹다

능소화

촉수마다 일어서서
끝내 불타고 싶다

모가지 댕겅 잘라
혈서를 쓰고 싶다

죽어도 죽지 않겠다
잊혀지지 않겠다

분꽃

달빛 밟아 살포시
밤마실 나온 샛별

명주바람 타고 내려
분냄새 진동한다

캄캄한 세상일수록
너는 더욱 빛난다

채송화

붉은 피 붉은 사지
붉은 햇살 모아 담아

오도독 피어났다

뜨겁게 피어났다

끓는 피 뜨거운 가슴
혁명처럼 지핀다

고향 잃은 갈매기

하늘 담던 바다
행촌 불타던 뻘밭

갯골 파대던 짱뚱이
만선 부서떼

어디에 다 묻혔을까
천만 년 전 내 고향

민주 소나무

저 나무 무장 아프다

팔에는 붕대감고
다리마다 목발 짚고
온몸으로 타향 앓는
산 떠난 귀하신 노송

바라보기 아프다

살사리꽃

꺾어질 듯 가녀린 것들 답싸인 찻길
취학 전 다녔던 교회에서 동네 처녀
헨델과 그레텔 동화 각색해서 들려준
헨델이 계모에게 끌려가며 꽃씨를,
코스모스 꽃씨를 뿌렸다고 하던

세월 흘렀어도 코스모스 꽃길보면
그 슬프고 아득한 이야기 생각난다

어린 날 거슬러 가는
아득히 먼 고향 길

쑥부쟁이

배고픈 설움 잊었다
쓸쓸한 마음 잊었다

세월 지나는 동안
많은 것을 잊었다

망각은 좋은 것인가
좋은 것이 무언가

엉겅퀴

험한 세상 무서워
가시 세우고 봤다

독하고 악한 것들
싸안고 죽어야지

사랑은 다 허망하다
분노보다 약하다

가시는 가시끼리
바늘은 바늘끼리
한 그루 모두 모여
판묶질 그악하다

사랑은 다 허망하다
분노보다 약하다

제비나비

언제는 침묵하고
언제는 냉랭하고

언제는 앵돌아져
도끼눈 매섭더니

그리움 활짝 펼쳤다
안타까운 저 살품

선돌

표식도 전설도 없이 기백 년 지켜서서
얼락배락 누리치는 한 뉘 생사도련
오감칠정 살피에서 이대토록 노박인다

장미

이미증 어지럼증
날선 후감 지칠 때

향기도 지나치면
산들바람 외어선다

비긋고 청초한 빨강
저만 홀로 빛난다

씀바귀

쓰디쓴 나의 심연
비탈진 지난 세월
쓰리고 아린 심사
궤란쩍게 솟았다.
아파도 달게 웃는다
쓴 웃음은 노랗다

민들레

나는 못 가겠네
두남두고 못 떠나네

땅 설고 물 설어
차마 못 가겠네

울면서 길 떠나는
백만송이 만장들

꽃물

살품에 물든 농담
가슴에 찍힌 소묘

봉숭아 붉은 속살
핏빛으로 맺혔다

지워도 지워지지 않는
사랑 하나 찍었다

감또개

처서 지난 밤 하현달 지고
풀벌레 가을 부른다

노래 끝에 맺힌 이슬
하늘 출렁인다

툭!
지축 흔드는 소리
우주 하나 떨어졌다

병주고향

고향보다 더 오래 된
여기가 내 고향이다

타향은 낯설지 않다
구분법이 서럽다

해와 달 구름과 바람
아깃자깃 섞인 땅

칠산바다

수많은 초록빛 손들이
저어대다 굳은 뻘밭

칠산자락이 키운
저 많은 자식들

모두 모여 목놓아 운다
무엇으로 달래나

우단동자

이제는 그 전설이 싫다

음지에서 참아야 하는
숙명에 순종하는
끝내는 망부석 되는
죽어서 꽃으로 피는
가슴 시린 이야기

밤느정이

뻐꾸기 노래마다
꾀꼬리 둥지마다
산까치 깃털마다
꽃잎 하나씩 일군다

동산에 노래들 피어
할래할래 춤춘다

옥살리스

새소리 적막한 날
전봇대 아래 고샅
소곤소곤 까르르
이야기 꽃 피었다
자잘한 웃음들 고와
발을 떼지 못한다

옥잠화

참빗 고운 가리마
옥비녀 쪽을 지고

소복청상 누굴 위해
새벽마다 물 긷는가

은결든 가슴 고요히
밀쳐두고 웃는가

사막의 달

불볕더위 기승해도
언제나 나는 춥다

인둘려 멀미나도
언제나 나는 외롭다

울가망한 나에게 너는
천의무봉 빛이다

천사의 나팔

선행은 악행보다
얼마나 힘겨우냐
옳음은 그름보다
얼마나 처절하냐
그래도 노래 부른다
천리만리 외친다

거짓된 세상에선
진실이 거짓이라고
그럴 리가 없다
그래서는 안 된다
오늘도 노래 부른다
천리만리 외친다

늙은 눈

한삭이나 쌓인 눈
녹을 것은 다 녹아

켜켜이 형형한 빛
눈이 시리다

하늘이 내려앉은 땅
낮에도 별이 뜬다

초록

풀들이 키를 넘는
뒷동산 오가던 길

햇빛 받은 풀잎마다
푹푹 불김 뿜는다

들판에 가득 찬 생명
푸를 수록 뜨겁다

빗방울

어제의 이별 잊고
오늘 또 헤어진다

어제의 울음 잊고
오늘 또 눈물진다

과녁빼기 물끄럼말끄럼
눈에 담고 젖는다

사위질빵

꽃줄기 다문다문
오지게 얽어매고

신바람 한 짐 지고
날랍게 내려가게

인생길 몽근짐일랑
내려놓고 가시게

석류

온갖 근심 온갖 분노
꾹꾹 눌러 참더니

타는 열정 한땀한땀
공글려 여미더니

알알이 눈부신 사랑
가슴 깊이 품었나

부추

남들 빛내주는 추임새로만 살았다
고명으로만 살았다

보아라 나 여깄다
나 이렇게 살아 있다
마음껏 활개쳐본다

오늘은 내가 주인공이다

백일홍

그리움 가닥가닥
지성으로 수놓고

오실 님 백날천날
고대고 바라건만

무심한 바람만 부네
열흘 붉은 꽃 없다는데

꽃물음

나는 너라는 인간이 싫다
마음 놓고 조롱하던
너에게 말하고 싶다
나는 당신이라는 인간이 싫다

도리질 등돌아 넘은
한숨고개 남았나

그악스런 숙명이
땅속 깊이 주렁주렁
뿌리가 어디로 가나
서슬 푸른 칼 품었나

등돌아 외면했던 너
아직 거기 있느냐

개천

뜻깊은 날 아니어도
해는 매일 떠오른다

개천절 아니어도
매일 하늘 열린다

뜨겁게 시작하던 날들
다 어디로 갔을까

차꽃

봄부터 진하고 맑은
찻잎 내기 바쁘더니

서리같은 눈꽃같은
새하얀 꽃잎 내민다

그 향기 진하게 우려
가을 하늘 말갛다

노거수

잎새마다 해가 지고
잎새마다 바람불던

가지마다 산새울고
가지마다 녹음짙던

저 나무 왜 다 잘렸나
무슨 죄를 지었나

은물결

가닥가닥 어머니 은발
저리 밀려 오시나

자란자란 이르는 말
이제토록 여전하다

어머니 풀솜 이불깃
주름주름 펼친다

오죽

처마끝 가을 햇살
주렴발로 늘이다

아롱다롱 해무늬
방안 가득 들이다

몸은 곧추 청청한데
잎은 사철 떨린다

먹때깔

그림 속 용의 눈동자
한자리 다 모였다

그리움 깊을수록
아무것도 볼 수 없다

원하는 세상 원하는 사람
그리다 눈 멀었다

감나무

단물 머금은 꽃 피었다

쓰고 떫고 아린 세상
모진 바람 찌는 더위
무던히도 견뎠다

피맺힌 울분 삭이면
맑은 단물 고인다

거미줄

알면서도 그랬다
다 내 잘못이다

다가서지 말아야했다
한 발 물러서야했다

갈가리 찢어발겨질 줄,
내 이럴 줄 알았다

가을

더 뜨거워지면 안 될 것 같아
조금 잠잠해 보는 거다

더 빨라서는 안 될 것 같아
조금 물러 서 보는 거다

나이테 늘어날 여백 위해
조금 죽어 보는 거다

가지고지

가지를 말린다

햇빛과 달빛 어둠과 밝음
국화향기 새소리
가벼워지라 이른다

마르고 보타지다못해
육탈골립 의연하다

방풍

바람을 막아라

골골샅샅 틈새마다
뼈마디 마디마디
주름살 하나하나

오늘은 바람 맞는다
가는 세월 보낸다

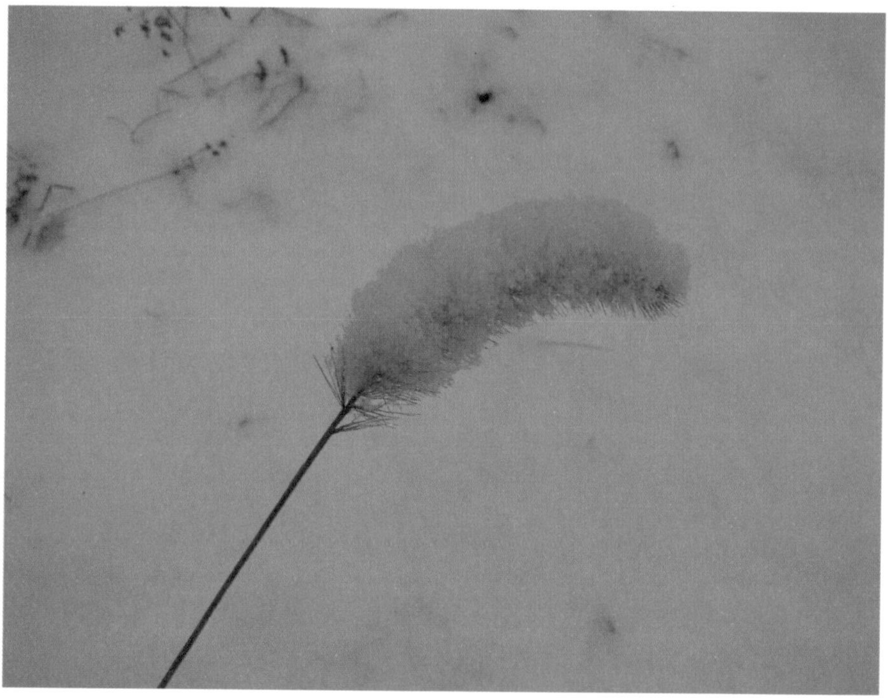

강아지풀

삶이 죽음보다 무서운
어린 풀잎 세상 버린 날

한밤 지나면 잊혀지는
기억처럼, 눈보라친다

알알이 꿈꾸는 정령
하얀 이불 덮는다

까마귀

너희가 길따라 갈 때
경계를 날아간다

너희가 아는 만큼 누릴 때
모든 것 훨훨 털어낸다

구만리장천 깊은 곳
무주공산 향한다

공수시립

저 속을 누가 아랴
하얗게 바랜 가슴

직수굿 참아내며
비손하는 섬섬옥수

눈부신 선백의 굴레
그림자도 하얗다

수선화

어느 고운 임 그려
떨쳐입고 나왔나

어느 귀한 손 맞아
입맷상 차렸나

전내기 가양주 채워
금잔옥대 받쳤나

유정의 동백

알싸한 향 어리치는
노랗고 자잘한 꽃

너네는 이것 없지?
점순이년 야비다리

자개미마다 벙그는
유정의 풍자 익는 봄

풋머루

때로는 외로움이
햇살보다 즐겁다

때로는 외로움이
빗발보다 질기다

오늘은 양지 한 줌만
추억처럼 퍼져라

앵두술

네 몸 네 정신 푹 잠겨
썩지말고 숙성하라

본체의 색깔 걸러
우러난 카테고리

오롯이 빛나는 색깔
아무도 못 취한다

곶감

너는 있고 나는 없다

설익은 발떠퀴
머리칼 한 오라기
오늘도 곱새기다

단풍잎 물드는 새벽
골수까지 보타진다

안개

어머니 살품 헤치고
골골마다 젖 물린다

갓 눈트고 보채는 작설 새움 한 모금
터 팔고 목쉰 송아지 오달지게 한 모금
시새우는 쑥국새 배곯지마라 딸꾹
손 들고 우쭐대는 가장귀도 후틋하게
북주는 어머니 훈김
온누리를 키운다

황매화

삭지 않는 설움 놓고
토방아래 내려서다
눈 마주친 노랑!
고리눈 부릅뜬다

귀라도 잘라야 할까
머릿속이 노랗다

찔레꽃

땡볕에 돋을새김하고
가시둘러 아낀 보화

겨우내 붉은머리오목눈이
주린 배 채워주고

한 번 찔리면 못 배길
독한 향수 뿜는다

작약

잊을세라 찾아온
여낙낙한 오지랖
달보드레 시크름한
웃음까지 푸지다

뒤곁에 오신 풀솜할머니
명지바람 일군다

고수

츰이 고놈 앵겨농게
애리고 씨리더만

차차로 맛 들여농게
그놈 없이 못 살겄어

날로 먹고 익혀 먹고
다져 먹고 쌈하고

낙화

삶의 현장은 처절하다

떠세하던 혈기보다
엉너리 푸념보다
추하고 끈질기다

갈 때를 알고 돌아서는
뒷모습보다 더 아프다

단풍

갓 붉은 것 아니다
날이면 날마다
달이면 달마다

애밭은 핏덩이
못 견딜 상처들

저렇듯 점점이 찍혀
끝내 지는 것이다

국화

상강 지나고 입동
이제 활개 벌린다

꽃술마다 길게 늘인
각양각색 주파수

독한 미혹에 갇혀
시르죽는 별 한 줌